REBENZEILEN

Hallwag Verlag Bern und Stuttgart

REBENZEILEN

Aquarelle von Samuel Buri
Gedichte von Tadeus Pfeifer

Wenn das Rondel sich in ein Aquarell verliebt
Die Sprache fragen und ihre Farben durcheinanderwirbeln
Dass aller Ausdruck zueinanderpasst als quere Freude
Dass ihre Farben durcheinanderwirbeln entlang dem Aquarell
In das sich das Rondel verliebt

Gesang und Witze zu erzählen
Lachend tanzt die Sonne tanzt die Luft
Unter Rebenblättern liegt ein schwerer Schlummer
Tanzt im Traum die Sonne glitzert Luft
Erzählen Scherze Lieder in den Schlaf

Das dunkle A der Traube schwingt im Alphabet der Farben
Doch auch das freie A des Himmels
Klingt im Lachen in der Heiterkeit
Des tiefen zarten Blaus des Himmels
Klingt der herrliche Vokal im Alphabet der Farben

Rebenzeilen zeugen Schatten
In den Schatten wächst ein Brennen
Traube reift dem Wein entgegen
Licht erzeugt die Rebenzeile
Rebenzeilen zeugen Schatten

Sass mit Brambach in der Schenke
Tranken Glas um Glas für immer
Was ist immer? Seither malen wir uns morgen aus
Trinken Glas für Glas lebendig
Sitz ich mit meinem toten Rainer in der Schenke

Distanzlos liebe ich das Platzen blauer Trauben Rot und Grün
Die einzelne ist eng mit schnellem Strich gezeichnet
Und platzt in meinem Mund auf Zunge Gaumen Zahnfleisch
Ist die einzelne mit strengem Strich gezeichnet
Mit Distanz und Liebe und dem Platzen

Im Rondel gerät die Farbe in den Kreis
Der sich scheinbar um sich selber dreht
Doch die Farbe führt ihn vorwärts immer vorwärts
Indem sie scheinbar um sich selber dreht
Gerät die Farbe im Rondel in jeden Kreis

Schickt die Sonne ihren Atem in die Erde
Steigen aus der Erde Rot und Blau und Grün
Und mischen sich zur reifen Frucht
Und wachsen Farben in den Himmel
Schickt die Sonne ihren Atem in die Erde

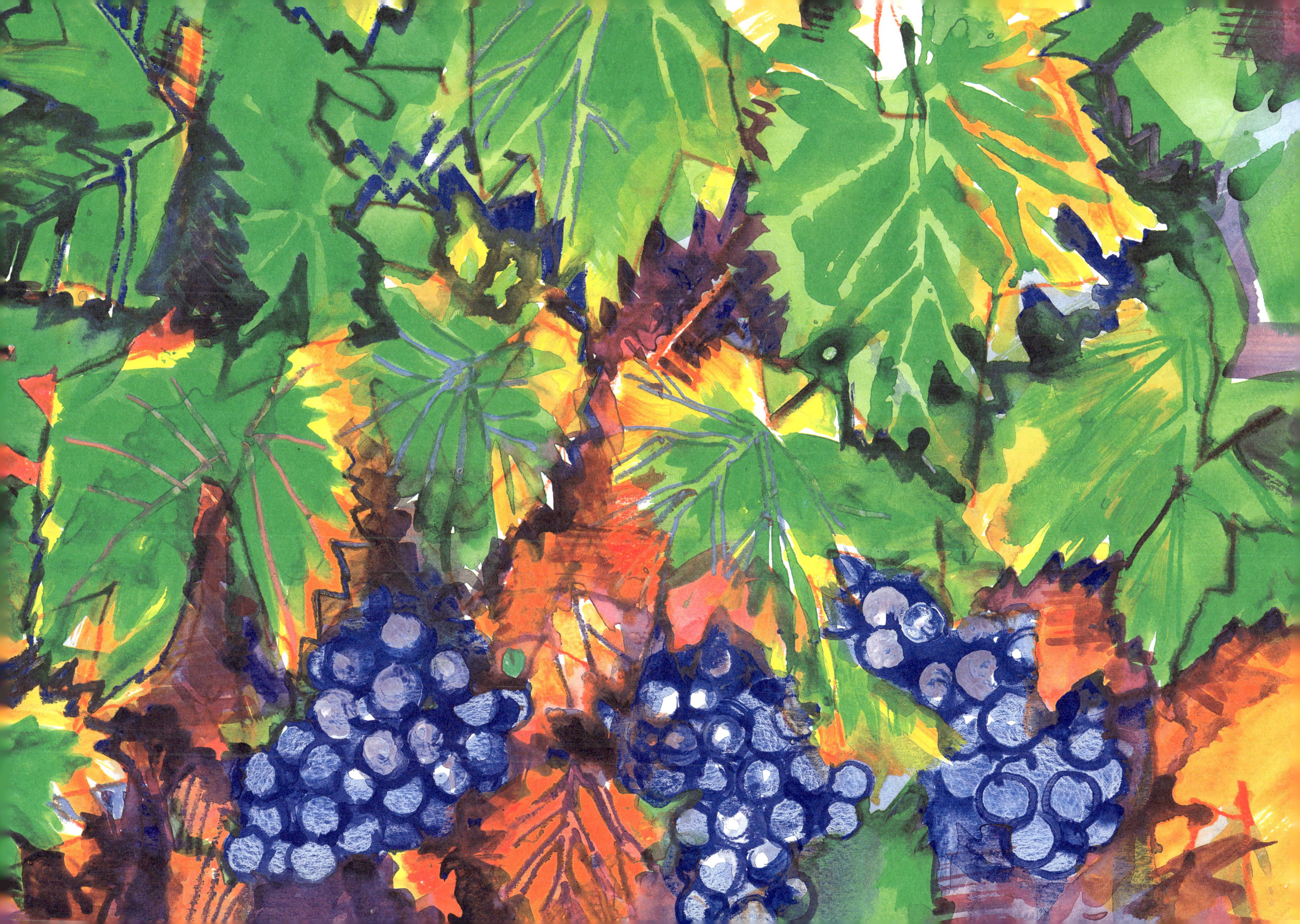

Adern wachsen über Blätter
Unter Venen wachsen Blätter
Reift Wein reift Farbenrausch
Blätter reifen dank der Adern
Räusche reifen über Blättern

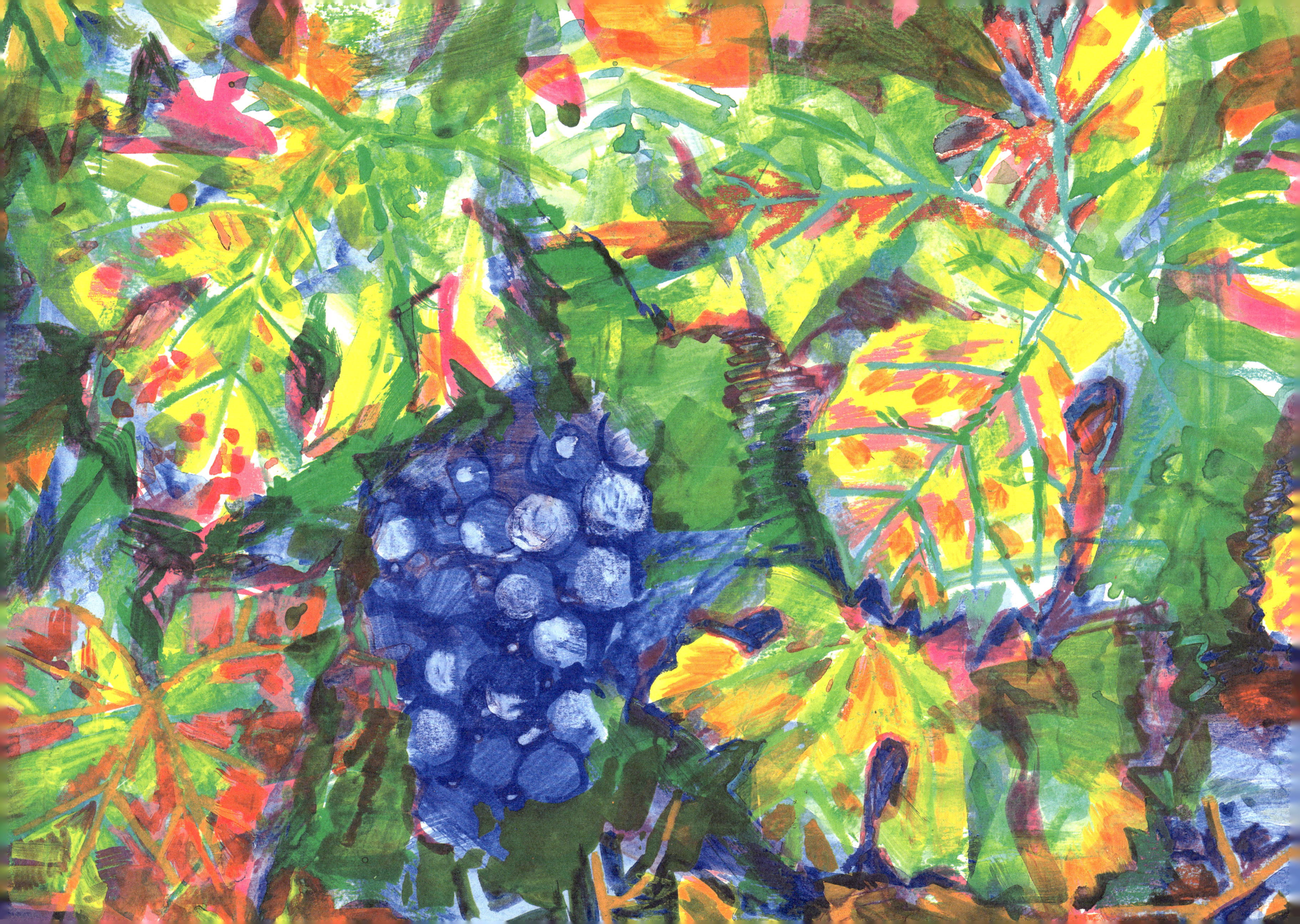

Dein Leib aus Blau und Rot und Grün und Licht
Dein Bauch die Arme und die Beine meine Lieblingsfarben
Die Trauben wünschen keine Eile
Und ich koste Bauch und Arme Beine meine Lieblingsfarben
Deinen Leib aus Blau und Grün und Rot und Licht

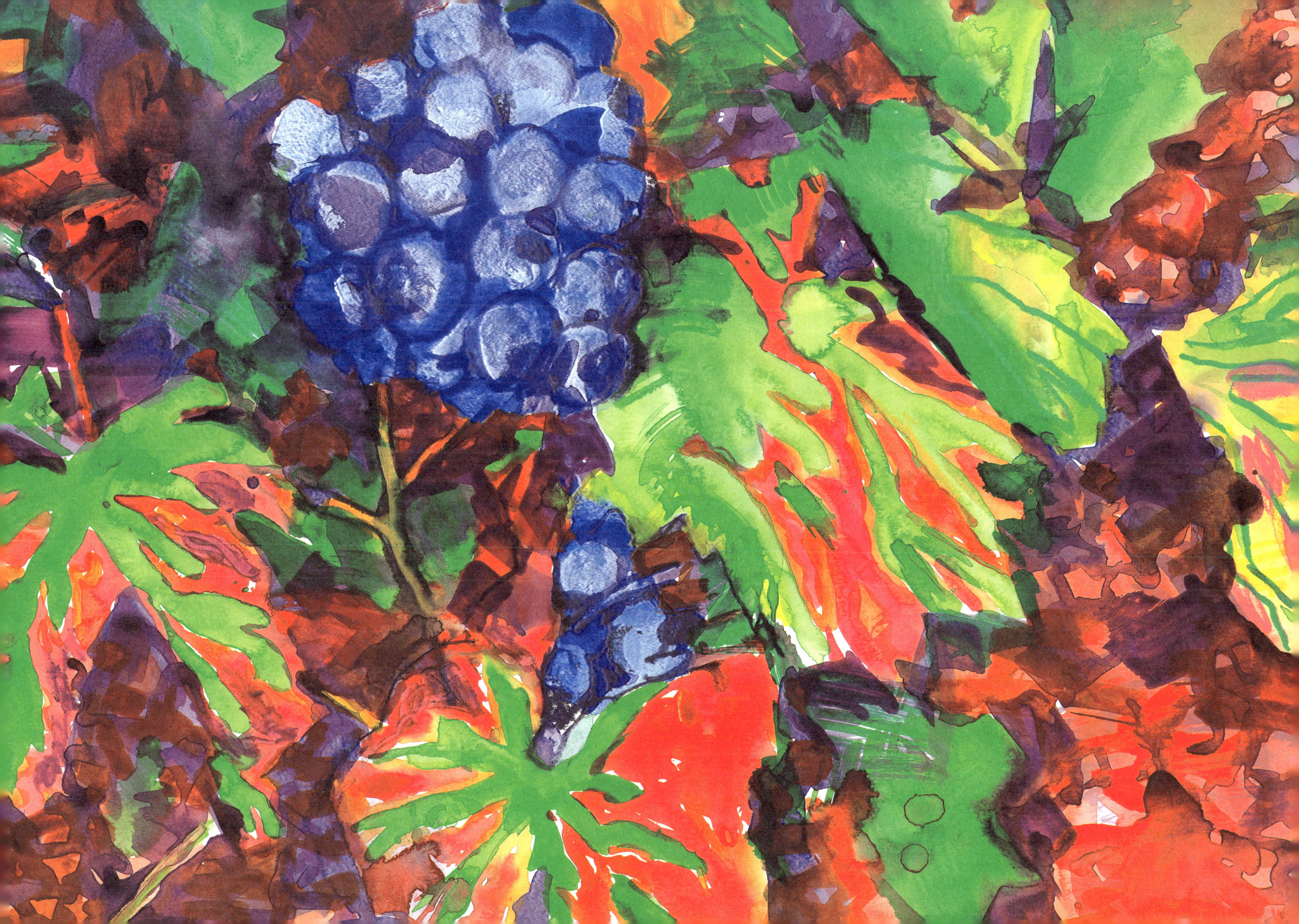

Früchte dunkeln platzen Blätter
Triumphieren in den Sonnenstrahlen
Die Erde lädt in ihren Schatten
Im Triumph der Sonnenstrahlen tanzen
Platzen Blätter Früchte dunkeln

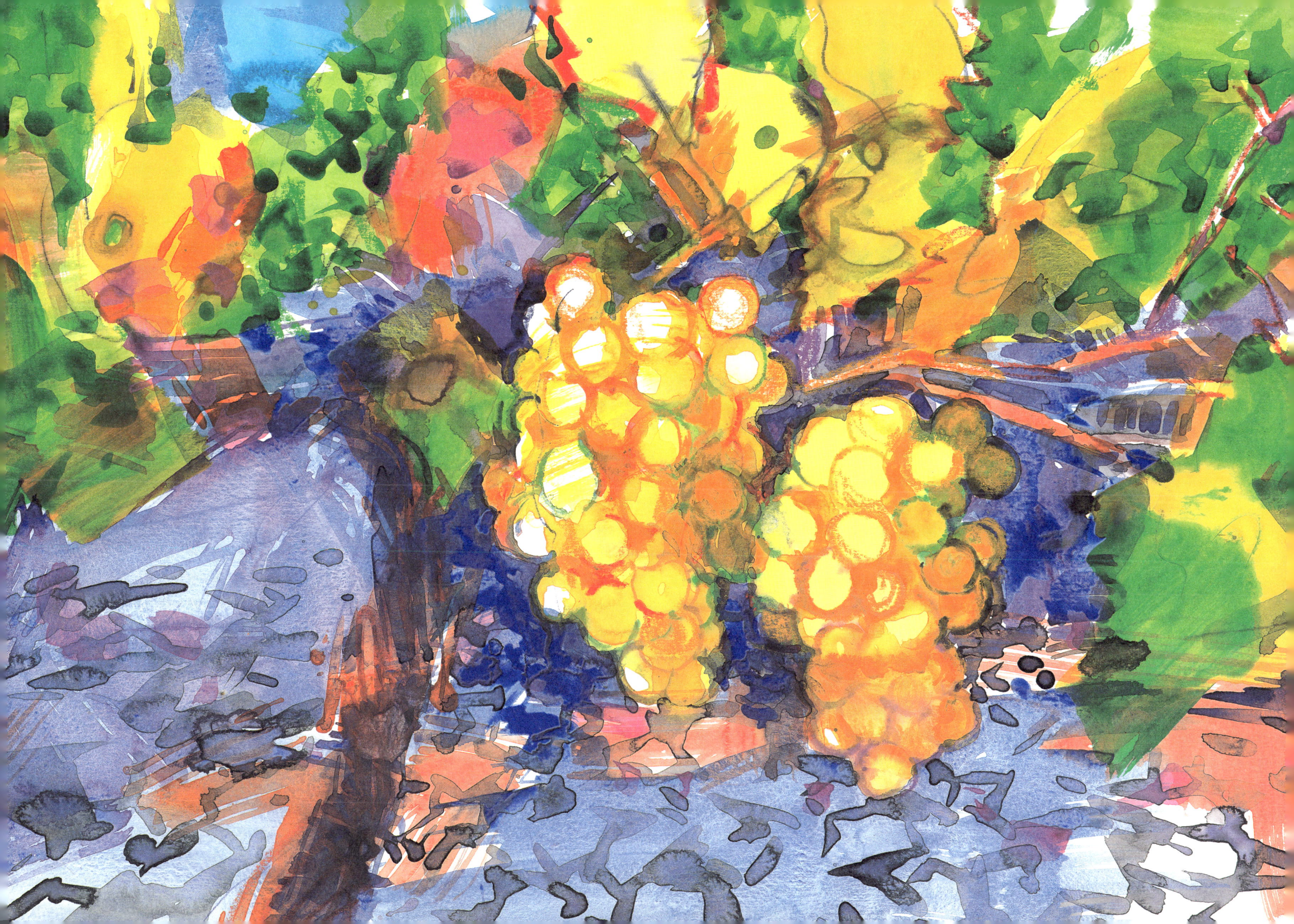

„Ich bin der Weintrinker, der Wein und der Mundschenk"
Sagt Bistāmī im dreizehnten Rondel
Beginnen Farbe und Form von vorn
Wie Bistāmī sagt im dreizehnten Rondel
„Ich bin der Weintrinker, der Wein und der Mundschenk"

© 1998 Hallwag AG, Bern
Die Texte wurden handgeschrieben von Samuel Buri
Fotolithos: Photolitho AG, Gossau-Zürich
Druck: Beutel: Hallwag Druck AG, Bern
Bindung: Schumacher AG, Schmitten
ISBN 3-444-10534-7

Numerierte und signierte Sonderausgabe
auf 150 Exemplare limitiert
ISBN 3-444-10535-5

Exemplar